BAZAINE

? ? ?

PAR M***

PARIS

1887

BAZAINE

? ? ?

Puisqu'une tentative de meurtre contre Bazaine vient rappeler le nom d'un homme qui a fait tant de mal à notre patrie, nous pensons qu'on ne lira pas sans intérêt à ce sujet l'opinion d'un homme d'un rare esprit, qui a occupé, en son temps, une haute situation politique, et exercé son influence sur les affaires de son pays.

Elle est de nature à modifier notre jugement l'égard des évènements qui ont amené notre

*

catastrophe, sur laquelle nous sommes encore loin de posséder la vérité.

Un jour, il partait pour l'Italie avec un jeune ami qu'il affectionnait depuis son enfance et qui avait pour lui le respect qu'inspire un esprit supérieur.

Nous voici à Cannes, dit le jeune homme. Tenez, cher maitre, voilà les îles Lerins, Sainte-Marguerite, où a été enfermé un des plus grands coupables de l'histoire, l'homme qui a livré son pays à l'étranger, l'abominable Bazaine.

*
* *

Singulière fatalité des choses! dit l'homme d'état, là a été enfermé un prisonnier d'état qu'on ne connaîtra jamais, et voilà que, longtemps après, on place dans cette prison un homme dont le crime est aussi mystérieux que la personne du masque de fer.

Comment! dit le jeune homme, mais le crime de Bazaine n'est-il pas indéniable? n'a-t-il pas été jugé et comdamné? c'est de l'histoire!

L'histoire, dit l'homme d'état, est une grande menteuse. Qui s'est douté jusqu'à Nieburh que l'histoire romaine toute entière n'était qu'un roman?

Quand vous aurez mon âge, mon ami, vous serez moins affirmatif. Il a été condamné, mais est-ce une raison pour qu'il soit coupable? Croyez-vous que toutes les condamnations prononcées aient été justes?

Alors vous trouvez que celle de Bazaine n'est pas établie?

Non, j'en doute fortement.

Quelles raisons avez-vous pour en douter? dit avec déférence le jeune homme.

C'est que toute action humaine a un mobile et que je ne vois pas celui qui a fait agir Bazaine.

Il y a un dicton qui n'est pas absolument vrai, mais très probable : *ille fecit cui prodest.* Je cherche quel intérêt pouvait avoir Bazaine à agir comme il a fait, je ne le vois pas.

Je vois, au contraire, très-clairement l'intérêt qu'il avait à une conduite diamétralement opposée. Ce n'est pas la lâcheté qui a été le mobile : sa bravoure n'est pas contestable. Ce n'est pas la cupidité : il n'est pas riche. Son ambition ?

Justement, elle lui commandait, à la tête qu'il était d'une admirable armée de 200.000 hommes, qui ne demandaient qu'à se battre, de sauver le pays en s'immortalisant. Tandis qu'il livre son armée, la dernière qui reste à la France ! après l'avoir systématiquement affaiblie, une place imprenable, son pays, et qu'il laisse un nom maudit jusqu'à la dernière génération française.

Il y a là un mystère évidemment. On n'a pas dit la vérité au pays. Il a un immense intérêt à la connaitre.

Mais il ne faut pas attendre que les hommes qui pourraient la dire aient tous emporté le secret dans la tombe.

Malheureusement les peuples ne savent que ce que leurs gouvernants veulent bien leur laisser connaître, et ceux-ci cachent soigneusement ce qu'ils ont intérêt à leur laisser ignorer.

L'affaire Bazaine se trouve être du nombre de celles qu'il importait le plus d'étouffer dans l'intérêt des gouvernants. Aussi n'a-t-on rien négligé pour égarer l'opinion :

Le Procès ;

La Comdamnation à mort ;

La Commutation de peine ;

La prison à Sainte-Marguerite, choisie pour le masque de fer afin qu'il ne pût s'échapper, et pour Bazaine afin qu'il pût s'évader.

En la cause, il n'est pas permis d'isoler Bazaine des principaux acteurs du drame qui s'est joué à Metz : l'empereur, le gouvernement de la défense Nationale et M. Gambetta. Bazaine a-t-il été laissé libre d'agir à sa volonté ; n'y a-t-il pas eu une

*

volonté au-dessus de la sienne devant laquelle il a dû s'incliner, à laquelle il a dû obéir ?

Sedan n'a pas changé la nature de Napoléon III. Il est resté ce qu'il était. Pour arriver au trône il n'avait pas reculé devant un attentat contre son pays. Croit-on que pour le conserver, lorsqu'il avait un fils, il ait hésité sur les moyens ?

La première chose qu'il a du faire, c'est la paix secrètement avec le roi de Prusse.

N'a-t-il pas dit au roi de Prusse, en lui rendant son épée, que le pays l'avait forcé à faire cette guerre qu'il ne voulait pas ?

Était-il juste qu'il supportat la faute du pays ? La preuve qu'il ne voulait pas, lui, cette guerre, c'est qu'il faisait la paix.

Et le roi de Prusse qui, au début de la guerre, avait déclaré hautement qu'il ne faisait pas la guerre à la Nation française, mais à l'empereur Napoléon III, a subitement changé de sentiment et a fait à la France une guerre atroce, tandis qu'il traitait avec toute sorte d'égards son prisonnier.

Est-ce que ces faits ne jettent pas une clarté bien vive sur cette ténébreuse affaire de Bazaine? A partir de ce moment, la guerre prend un caractère impitoyable contre la France, on sent que le roi Guillaume et l'empereur Napoléon III font cause commune.

L'odieux mensonge a reçu de M. Thiers, à Bordeaux, le démenti de la Nation.

La conspiration était dans les goûts et les habitudes de l'empereur, il ne laissait pas passer les occasions. Celle-ci était trop belle.

On ne nous otera pas de l'idée, qu'après Sedan, un traité de paix éventuel a été conclu entre le roi de Prusse et Napoléon III.

Il nous serait facile, à quelques termes près, d'en donner les conditions : la cession de l'Alsace-Lorraine, l'armée de Metz prisonnière de guerre, internée en Allemagne, plusieurs milliards d'indemnité. Voilà les stipulations. Puis, pour sauvegarder les apparences aux yeux de l'armée et de la Nation et leur dérober le secret du traité, on admettrait un simulacre de défense, mais des ordres en conséquence seraient donnés, par l'empereur, à ceux des maréchaux sur lesquels il pouvait absolument compter.

Remarquez donc qu'après Waterloo, Napoléon abdiquait à Fontainebleau, et qu'il déliait l'armée du serment de fidélité qu'elle lui avait prêté.

Napoléon III, n'a pas abdiqué après Sedan. Il n'a pas délié l'armée de son serment de fidélité.

Il est l'élu de huit millions de Français.

Il n'a pas l'intention de se démettre.

De là le traité secret avec le roi de Prusse, et, plus tard, les projets avérés d'une descente sur les côtes de Normandie, à Calais ou à Boulogne, dont la mort seule a empêché l'exécution.

Pourquoi cette inaction de Bazaine à la tête de 200.000 hommes d'élite brûlants de combattre?

Que signifient ces allées et venues entre Metz et Londres? Les envois successifs des généraux Boyer et Bourbaki auprès de l'impératrice, si ce n'est qu'il y a là un pouvoir dont on reçoit les ordres?

Et les menées de l'émissaire Regnier, et les

mystérieuses entrevues avec le prince Frédéric Charles?

Tout cela est inexplicable et incompréhensible sans le traité secret.

Le " *Times* " soupçonnait-il la vérité quand, au sujet de cet événement si considérable, il écrivait à peu près ce qui suit :

« C'est la première fois dans l'histoire, qu'on voit une armée, assiégée par une armée à laquelle elle est égale en nombre, se rendre ainsi. Et cette armée est une admirable armée française appuyée sur une des plus fortes places du monde! »

Comment le gouvernement de la défense Nationale et ensuite M. Gambetta ont-ils laissé M. Bazaine, notoirement dévoué à l'empereur, compromis dans l'expédition du Mexique, à la tête de l'armée de Metz?

Le salut du pays dépendait de cette armée. Il était donc de la plus haute importance de se l'assurer, d'enlever le commandement à Bazaine, de le donner à des généraux républicains. Avec

Bazaine, qui avait conservé les aigles sur ses drapeaux, l'empereur restait le maître. Si cette armée était victorieuse c'était au profit de l'empire qu'elle le serait.

A tout prix, il fallait donner cette armée à la nation.

Si on commettait la faute énorme de laisser le commandement à Bazaine, au moins, celui-ci devait-il être l'objet de la plus active surveillance de la part du gouvernement de M. Gambetta, qui avait le devoir d'entretenir avec l'armée de Metz d'incessantes communications.

Avant de songer à créer une autre armée, il fallait se servir, dans l'intérêt du pays, de celle qui existait et qui, pour ainsi dire, tenait les clés de la France dans les mains.

L'a-t-il fait? non, malheureusement !

Le maréchal Bazaine ne reconnaissait pas le nouveau gouvernement, son armée conservait les aigles. Il avait des entretiens fréquents avec l'émissaire Regnier, et avec Frédéric Charles, des rapports avec Londres.

Cette conduite insolite inquiétait tout le monde excepté le gouvernement de la défense Nationale!

Que faisait alors M. Gambetta!

Il couvrait les murs de toute la France de pompeuses proclamations dans lesquelles il portait aux nues les exploits fabuleux de l'héroïque Bazaine, comme il l'appelait.

Quelques jours plus tard, elles faisaient place à d'autres proclamations pleines d'imprécations contre le même Bazaine, devenu le traître Bazaine.

Dans tous les cas, qui pouvait, qui devait empêcher cette trahison? Qui donc l'a laissé s'accomplir, cette épouvantable capitulation dont l'effet moral sur la France a été immense et qui a tinté comme le glas des funérailles d'un peuple?

Est-ce que les hommes qui ont signalé à la France les exploits imaginaires de Bazaine, dont ils auraient dû savoir la fausseté, n'ont pas une grande part de responsabilité?

Bazaine pourrait dire qu'il avait exécuté des

ordres qu'il n'avait pas, selon lui, le droit de discuter.

Il y avait d'autres coupables, selon nous :

D'abord l'empereur si, comme tout porte à le croire, il a fait secrètement la paix, et a donné les ordres ensuite desquels Bazaine a immobilisé son armée qui, frémissante, demandait à grands cris de combattre. Ensuite, ceux qui ont laissé à la tête de cette armée l'homme du monde qui devait inspirer le plus de méfiance, Bazaine, si compromis dans l'affaire du Mexique.

Il n'y a pas d'excuse pour eux. Ils devaient savoir ce qui se passait à Metz.

S'ils ne le savaient pas, pourquoi donnaient-ils à la France des faits mensongers, des victoires imaginaires ?

Comment ! voilà un homme parvenu au plus haut grade militaire, un maréchal de France, à la tête d'une armée d'élite de 200.000 hommes pleins d'ardeur.

Il a d'un côté la gloire, l'immortalité pour son

nom, le salut de sa patrie, les acclamations de ses concitoyens et des générations futures.

De l'autre, l'infamie, la trahison, l'horreur des honnêtes gens de tous les pays, la malédiction de ses contemporains et des Français jusqu'à la dernière génération.

Et c'est à l'infamie que Bazaine a donné la préférence?

Pourquoi?

Il sait qu'il sera, en conséquence, condamné à mort, et il vient tranquillement en France!

Il savait donc bien qu'on ne pourrait pas le condamner.

Voilà un tribunal de braves généraux, qui condamneraient à mort un pauvre soldat qui aurait, dans un moment de colère, porté la main sur son sergent, et qui demandent au chef de l'état grâce de la vie pour le maréchal qui a porté la main sur la France!

Et le maréchal Mac-Mahon, président de la République, l'accorde.

Nous disons : cela n'est pas la vérité.

La France doit savoir à quelle cause les Allemands ont dû les succès ininterrompus qui ont surpris le monde. Elle aurait tort de se décourager, de perdre la confiance en elle-même. La supériorité des Allemands a tenu à des causes ignorées du public et qui très-probablement ne se reproduiront plus.

Après Sedan, tout était fini pour la France.

L'hospitalité que Bazaine reçoit en Espagne, dans la famille de l'impératrice, prouve les obligations qu'on a envers lui pour son silence.

Paris. — Typ. Jules MORIEU, 47, rue des Saints-Pères